So wird es gemacht:

Öffne das LÜK®-Kontrollgerät und lege die Plättchen in den unbedruckten Deckel. Jetzt kannst du auf den Plättchen und auf der Bodenplatte die Zahlen 1 bis 24 sehen.

Beispiel: Seite 2 **Auf dem Schulweg**
Nimm ein Plättchen — z.B. das Plättchen 1 und sieh dir das Bild Nr. 1 an! Verhalten sich die Kinder richtig ☺ oder falsch ☹? Schau genau auf das Bild und entscheide dich! Ja, diese Kinder verhalten sich richtig. Unter dem lachenden Gesicht unter dem Bild steht die Zahl **11**. Das ist auch die Feldzahl, auf der du das Plättchen ablegen mußt.
Die Zahl **1** muß nach oben zeigen.

1	2	3	4	5	6
7	8	9	10	**11**	12
13	14	15	16	17	18
19	20	21	22	23	24

So mußt du weiterarbeiten, bis alle Plättchen auf der Bodenplatte liegen. Schließe dann das Gerät und lege es herum! Öffne es von der Rückseite! Wenn du das bei der Übungsreihe abgebildete Muster siehst, hast du alle Aufgaben richtig gelöst. Passen einige Plättchen nicht in das Muster, dann hast du dort Fehler gemacht.

Wende diese Plättchen dort, wo sie liegen, um, schließe den Kasten, lege ihn herum und öffne ihn wieder! Nun kannst du sehen, welche Aufgaben du falsch gelöst hast.
Nimm jetzt diese Plättchen heraus und suche die richtigen Ergebnisse! Kontrolliere dann noch einmal! Stimmt jetzt das Muster?

Die meisten Seiten werden so gespielt wie eben beschrieben. Bei den Puzzle- und Suchbildern mußt du Bildteile zuordnen. Die Lösungszahlen stehen dann jeweils in den Bildausschnitten.
Bei den Rechenaufgaben findest du Lösungsspalten, in denen die richtigen Ergebnisse untereinander stehen. Dort schaust du nach, wenn du eine Aufgabe gelöst hast. Neben den richtigen Lösungen steht jeweils die Feldzahl, auf der du das Aufgabenplättchen ablegst.

Und nun viel Spaß!

Auf dem Schulweg

Verhalten sich die Kinder richtig ☺ oder falsch ☹?

13
Ixdorf
23 22
14
15 19
15
17 16
16
24 14
17
Rätsel
Comic
18 13
18
15 21
19
14 20
20
12 17
21
5 21
22
20 2
23
BÄCKER
11 18
24
22 7

In der Stadt

Ordne die Puzzleteile richtig zu!

11
5
9
19
4
12
23
20
1
15
21
10
17
13
24
3
22
14
7
8
16
18
2
6

A a

Beginnt das Wort mit A ?

Ja ☺ oder nein ☹?

1  ☺ 7 ☹ 8

2 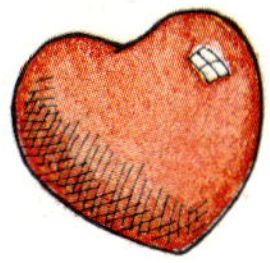 ☺ 10 ☹ 9

3  ☺ 12 ☹ 13

4  ☺ 7 ☹ 8

5  ☺ 4 ☹ 5

6  ☺ 10 ☹ 11

7  ☺ 2 ☹ 3

8  ☺ 3 ☹ 1

9  ☺ 11 ☹ 14

10  ☺ 18 ☹ 6

11 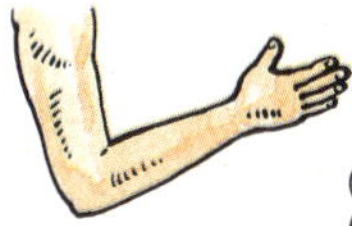 ☺ 2 ☹ 1

12  ☺ 20 ☹ 4

13  ☺ 24 ☹ 19

14  ☺ 21 ☹ 22

15  ☺ 6 ☹ 23

16  ☺ 20 ☹ 17

17  ☺ 16 ☹ 15

18  ☺ 23 ☹ 24

19 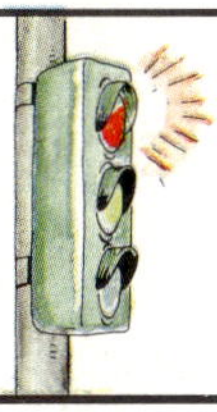 ☺ 16 ☹ 19

20  ☺ 15 ☹ 13

21  ☺ 17 ☹ 12

22  ☺ 21 ☹ 22

23  ☺ 5 ☹ 14

24  ☺ 18 ☹ 9

Die erste Rechenseite

Addition mit 0, 1, 2 oder 3

1. 1 + 1 =
2. 2 + 3 =
3. 9 + 1 =
4. 1 + 2 =
5. 4 + 3 =
6. 11 + 0 =
7. 0 + 1 =
8. 10 + 2 =
9. 4 + 2 =
10. 5 + 3 =
11. 2 + 2 =
12. 6 + 3 =

1 – 12 →

Lösungen	Feldzahl
1	1
2	11
3	12
4	6
5	7
6	21
7	15
8	16
9	2
10	22
11	8
12	5

13. = 2 + 1
14. = 3 + 3
15. = 5 + 2
16. = 1 + 0
17. = 3 + 2
18. = 8 + 1
19. = 6 + 2
20. = 10 + 1
21. = 1 + 3
22. = 11 + 1
23. = 0 + 2
24. = 7 + 3

13 – 24 →

Lösungen	Feldzahl
1	24
2	18
3	23
4	3
5	13
6	19
7	9
8	14
9	10
10	4
11	17
12	20

Jetzt kommen Minusaufgaben dran!

Subtraktion mit 0, 1, 2 oder 3

Nr.	Aufgabe
1	= 2 − 1
2	= 4 − 2
3	= 3 − 3
4	= 5 − 1
5	= 7 − 2
6	= 9 − 3
7	= 10 − 2
8	= 8 − 1
9	= 9 − 0
10	= 5 − 2
11	= 11 − 1
12	= 12 − 1

1 – 12 →

Lösungen	Feldzahl
0	21
1	20
2	24
3	15
4	19
5	16
6	23
7	14
8	18
9	22
10	13
11	17

Nr.	Aufgabe
13	2 − 2 =
14	4 − 1 =
15	7 − 3 =
16	8 − 2 =
17	9 − 1 =
18	5 − 3 =
19	12 − 2 =
20	6 − 1 =
21	9 − 2 =
22	11 − 0 =
23	3 − 2 =
24	10 − 1 =

13 – 24 →

Lösungen	Feldzahl
0	8
1	1
2	9
3	12
4	10
5	2
6	7
7	4
8	6
9	3
10	5
11	11

Bb

Fängt das Wort mit B an?

Ja ☺ oder nein ☹?

1. 

☺ 23 ☹ 24

2. 
☺ 22 ☹ 21

3. 
☺ 18 ☹ 19

4. 
☺ 23 ☹ 16

5. 
☺ 7 ☹ 8

6. 
☺ 21 ☹ 20

7. 
☺ 9 ☹ 10

8. 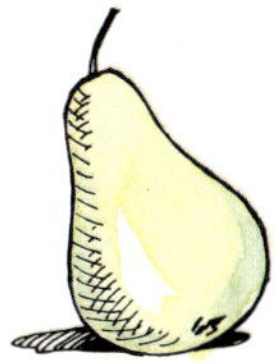
☺ 12 ☹ 11

9. 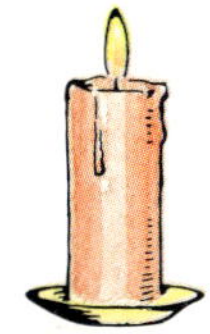
☺ 10 ☹ 20

10. 
☺ 7 ☹ 6

11. 
☺ 1 ☹ 11

12. 
☺ 9 ☹ 5

13. 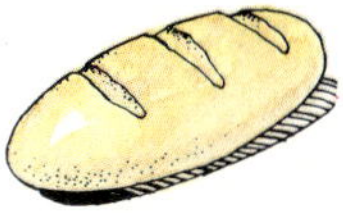
☺ 18 ☹ 17

14. 

☺ 16 ☹ 5

15. 
☺ 13 ☹ 14

16. 
☺ 17 ☹ 3

17. 
☺ 4 ☹ 2

18. 
☺ 14 ☹ 13

19. 
☺ 24 ☹ 3

20. 
☺ 6 ☹ 8

21. 
☺ 4 ☹ 2

22. 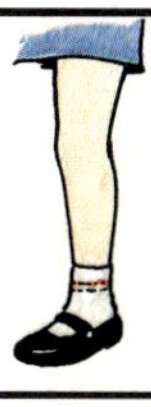
☺ 15 ☹ 22

23. 
☺ 19 ☹ 5

24. 
☺ 1 ☹ 24

Im Zoo – Suchbild

Wo findest du die Bildausschnitte wieder?

14
17
20
21
15
13
18
22
19
23
16
24
18
13
22
24
16
11
21
8
19
2
15

Was versteckt sich hinter dem Gartenzaun . . .

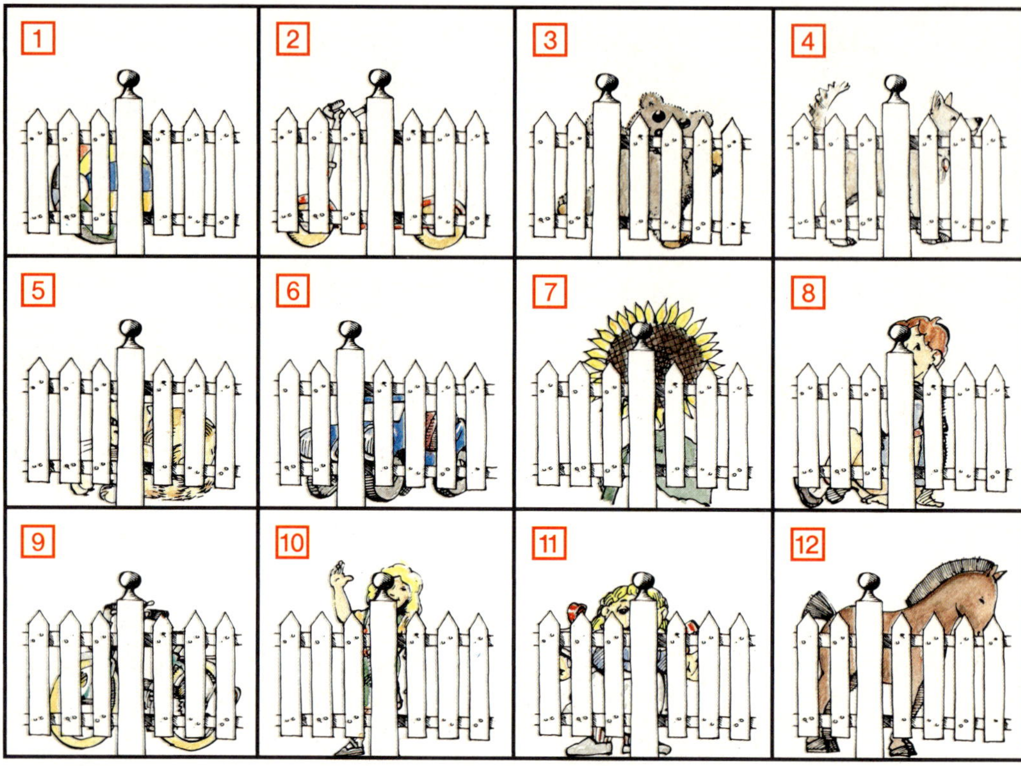

... und hinter dieser Mauer?

Ff

Hörst du ein F am Wortanfang?

Ja ☺ oder nein ☹?

1  ☺ 7 ☹ 5	2  ☺ 5 ☹ 2	3 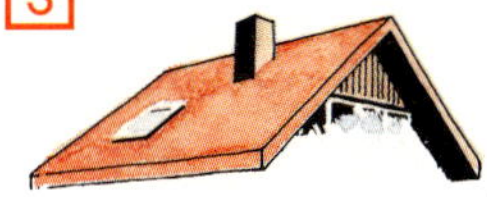 ☺ 17 ☹ 16
4  ☺ 2 ☹ 4	5  ☺ 1 ☹ 4	6  ☺ 12 ☹ 14
7  ☺ 15 ☹ 17	8  ☺ 1 ☹ 6	9  ☺ 15 ☹ 19
10  ☺ 8 ☹ 3	11  ☺ 14 ☹ 21	12  ☺ 11 ☹ 6
13  ☺ 22 ☹ 19	14 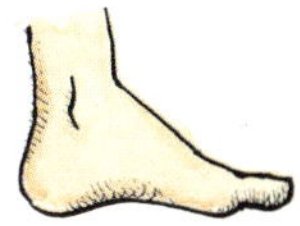 ☺ 11 ☹ 12	15  ☺ 23 ☹ 22
16  ☺ 9 ☹ 8	17 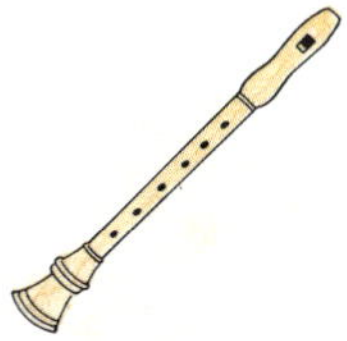 ☺ 23 ☹ 21	18  ☺ 18 ☹ 21
19 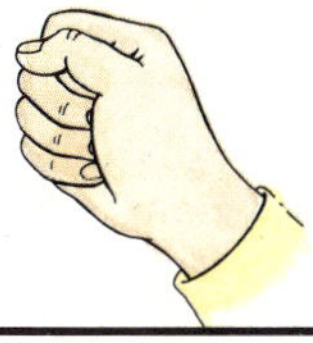 ☺ 18 ☹ 10	20  ☺ 24 ☹ 13	21  ☺ 20 ☹ 9
22  ☺ 3 ☹ 24	23 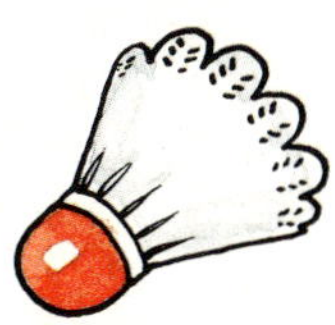 ☺ 20 ☹ 16	24  ☺ 7 ☹ 10

Plus und minus bunt gemischt

Achte auf die Aufgabenstellung!

1	6 + 1 =	
2	5 − 3 =	
3	8 + 2 =	
4	4 − 1 =	
5	6 + 2 =	
6	3 − 2 =	
7	11 + 1 =	
8	6 − 1 =	
9	7 + 2 =	
10	7 − 3 =	
11	10 + 1 =	
12	8 − 2 =	

1 — 12 →

Lösungen	Feldzahl
1	20
2	19
3	24
4	4
5	17
6	14
7	23
8	3
9	9
10	10
11	18
12	13

13		= 5 + 2
14		= 2 − 1
15		= 9 + 1
16		= 7 − 2
17		= 10 + 2
18		= 6 − 3
19		= 11 + 0
20		= 9 − 3
21		= 8 + 1
22		= 4 − 2
23		= 5 + 3
24		= 5 − 1

13 — 24 →

Lösungen	Feldzahl
1	7
2	8
3	22
4	16
5	12
6	5
7	11
8	6
9	15
10	21
11	2
12	1

Übe hier noch einmal!

Vermischte Additions- und Subtraktionsaufgaben

1	___ = 5 + 3
2	___ = 4 − 2
3	___ = 8 + 1
4	___ = 3 − 3
5	___ = 8 + 2
6	___ = 5 − 1
7	___ = 4 + 3
8	___ = 7 − 2
9	___ = 10 + 1
10	___ = 3 − 2
11	___ = 5 + 1
12	___ = 6 − 3

1 — 12 →

Lösungen	Feldzahl
0	10
1	2
2	11
3	6
4	12
5	3
6	4
7	5
8	9
9	8
10	1
11	7

13	9 + 1 = ___
14	5 − 2 = ___
15	11 + 0 = ___
16	1 − 1 = ___
17	7 + 2 = ___
18	4 − 3 = ___
19	6 + 2 = ___
20	8 − 3 = ___
21	4 + 2 = ___
22	3 − 1 = ___
23	5 + 2 = ___
24	7 − 3 = ___

13 — 24 →

Lösungen	Feldzahl
0	22
1	20
2	24
3	23
4	14
5	15
6	13
7	16
8	18
9	17
10	21
11	19

Gg

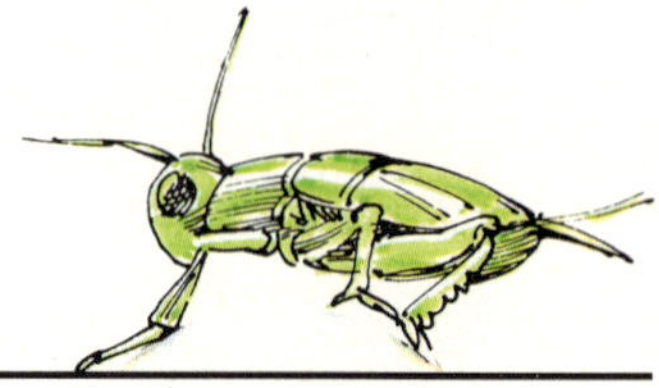

Ist ein G am Wortanfang?

Ja ☺ oder nein ☹?

Spiegelbilder –

Finde unten das passende Fahrzeug!

13
14
15
16
17
18
19
20
21
22
23
24

8
9
7
21
10
19
11
20
12
23
22
24

Wir rechnen bis 20

Lauter Plusaufgaben

Nr.	Aufgabe
1	___ = 9 + 1
2	___ = 11 + 3
3	___ = 7 + 2
4	___ = 10 + 1
5	___ = 11 + 2
6	___ = 18 + 0
7	___ = 4 + 3
8	___ = 13 + 2
9	___ = 13 + 3
10	___ = 11 + 1
11	___ = 5 + 3
12	___ = 16 + 1

1 — 12 →

Lösungen	Feldzahl
7	3
8	5
9	7
10	12
11	11
12	1
13	2
14	15
15	6
16	8
17	4
18	16

13 — 24 →

Lösungen	Feldzahl
9	24
10	23
11	22
12	19
13	18
14	13
15	20
16	14
17	21
18	10
19	9
20	17

Nr.	Aufgabe
13	6 + 3 = ___
14	15 + 2 = ___
15	14 + 1 = ___
16	8 + 2 = ___
17	16 + 3 = ___
18	10 + 2 = ___
19	17 + 1 = ___
20	10 + 3 = ___
21	14 + 2 = ___
22	11 + 0 = ___
23	18 + 2 = ___
24	12 + 2 = ___

Ziehe richtig ab!

Minusaufgaben im Zahlenraum bis 20

Lösungen	Feldzahl
1 – 12 →	
5	24
6	14
7	22
8	19
9	18
10	13
11	17
12	21
13	20
14	15
15	16
16	23

1 $9 - 1 =$

2 $14 - 2 =$

3 $8 - 3 =$

4 $15 - 2 =$

5 $14 - 3 =$

6 $9 - 2 =$

7 $17 - 3 =$

8 $12 - 2 =$

9 $19 - 3 =$

10 $10 - 1 =$

11 $8 - 2 =$

12 $16 - 1 =$

Lösungen	Feldzahl
13 – 24 →	
7	3
8	5
9	9
10	6
11	11
12	7
13	1
14	12
15	8
16	2
17	10
18	4

13 $= 15 - 3$

14 $= 9 - 0$

15 $= 13 - 2$

16 $= 18 - 3$

17 $= 8 - 1$

18 $= 16 - 2$

19 $= 19 - 1$

20 $= 16 - 3$

21 $= 10 - 2$

22 $= 19 - 2$

23 $= 17 - 1$

24 $= 13 - 3$

Brauchst du diese Sachen in der Schule?

Antworte mit ja ☺ oder nein ☹!

1

☺ 19 ☹ 21

2

☺ 24 ☹ 21

3

☺ 24 ☹ 22

4

☺ 16 ☹ 8

5

☺ 13 ☹ 5

6

☺ 22 ☹ 2

7

☺ 11 ☹ 15

8

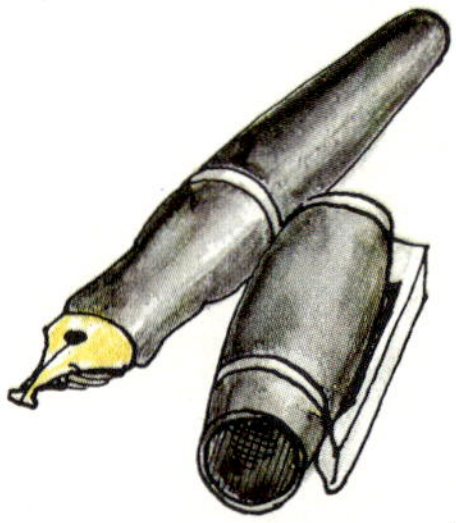

☺ 13 ☹ 18

9

☺ 7 ☹ 11

10

☺ 23 ☹ 18

11

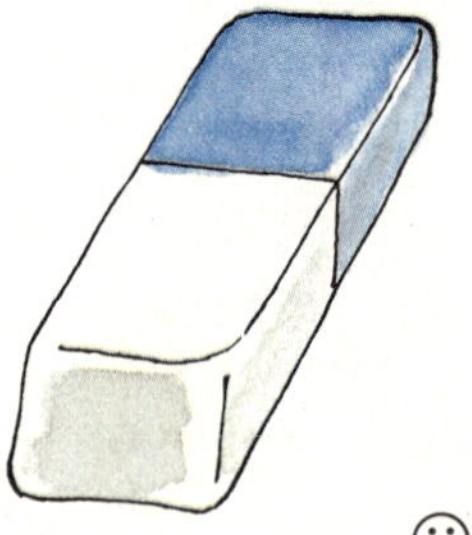

☺ 2 ☹ 9

12

☺ 10 ☹ 16

13

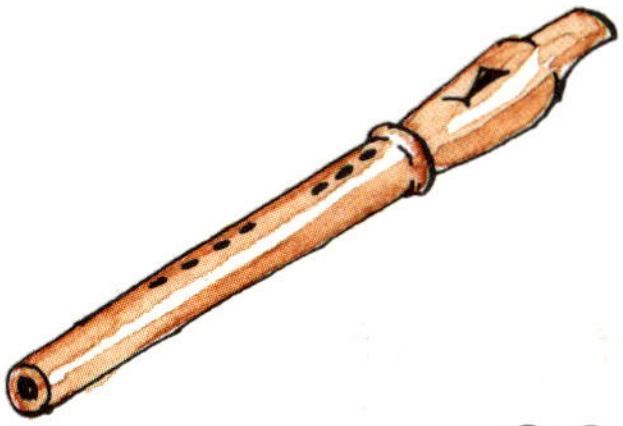

7 3

14

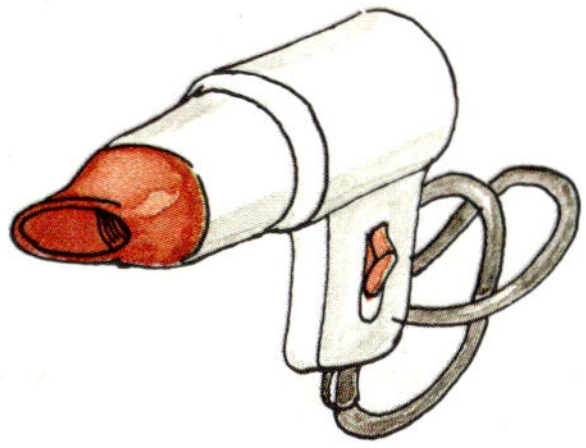

17 9

15

20 23

16

12 20

17

3 1

18

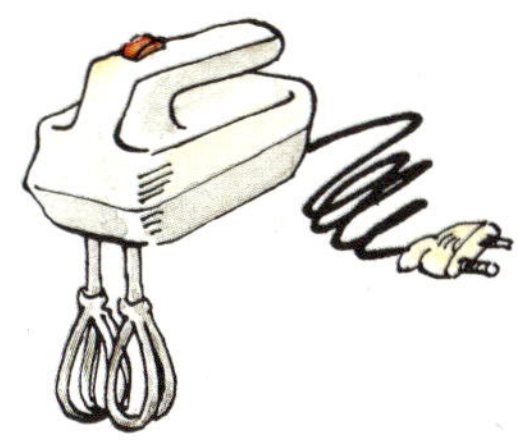

14 12

19

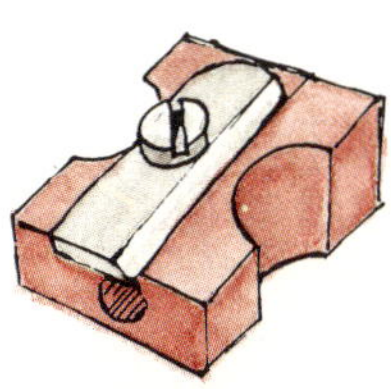

4 6

20

19 1

21

17 4

22

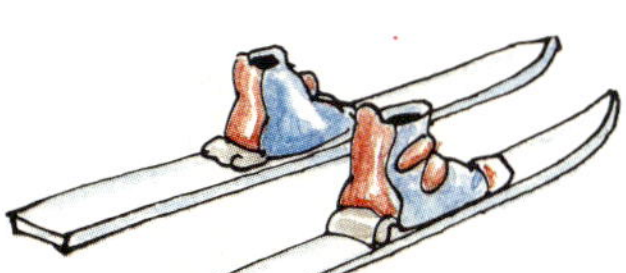

5 10

23

14 8

24

15 6

Hh

Fängt das Wort mit H an?

Ja ☺ oder nein ☹?

1  ☺ 19 ☹ 17	2  ☺ 9 ☹ 17	3  ☺ 9 ☹ 8
4  ☺ 24 ☹ 14	5 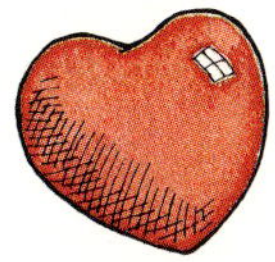 ☺ 4 ☹ 7	6  ☺ 24 ☹ 10
7  ☺ 13 ☹ 5	8  ☺ 13 ☹ 3	9 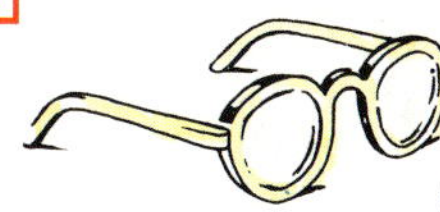 ☺ 18 ☹ 10
10  ☺ 3 ☹ 2	11  ☺ 1 ☹ 2	12  ☺ 22 ☹ 18
13  ☺ 6 ☹ 7	14 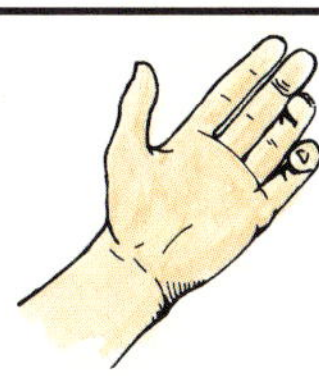 ☺ 23 ☹ 12	15  ☺ 22 ☹ 16
16  ☺ 4 ☹ 20	17  ☺ 19 ☹ 11	18  ☺ 21 ☹ 15
19  ☺ 6 ☹ 5	20  ☺ 11 ☹ 1	21  ☺ 14 ☹ 16
22  ☺ 12 ☹ 20	23  ☺ 8 ☹ 23	24  ☺ 21 ☹ 15

Plus und minus ohne Zehnerüberschreitung

Laß dir Zeit beim Rechnen!

1		= 11 + 3
2		= 10 − 2
3		= 17 + 1
4		= 13 − 2
5		= 14 + 3
6		= 14 − 1
7		= 4 + 3
8		= 17 − 2
9		= 15 + 1
10		= 13 − 3
11		= 7 + 2
12		= 15 − 3

Lösungen Feldzahl 1 — 12 →

Lösungen	Feldzahl
7	1
8	7
9	4
10	6
11	10
12	14
13	20
14	9
15	3
16	23
17	17
18	12

13	6 + 3 =
14	12 − 2 =
15	14 + 2 =
16	13 − 1 =
17	16 + 2 =
18	16 − 1 =
19	5 + 2 =
20	16 − 3 =
21	15 + 2 =
22	9 − 1 =
23	12 + 2 =
24	14 − 3 =

Lösungen Feldzahl 13 — 24 →

Lösungen	Feldzahl
7	2
8	8
9	21
10	19
11	18
12	22
13	15
14	16
15	24
16	11
17	5
18	13

Das kannst du jetzt!

Zuzählen und abziehen im Wechsel

1	16 + 1 =
2	14 − 2 =
3	6 + 3 =
4	16 − 2 =
5	17 + 3 =
6	13 − 2 =
7	16 + 3 =
8	16 − 1 =
9	8 + 2 =
10	18 − 2 =
11	17 + 1 =
12	16 − 3 =

Lösungen 1 – 12 → Feldzahl

Lösungen	Feldzahl
9	14
10	13
11	18
12	17
13	6
14	10
15	3
16	2
17	9
18	4
19	5
20	1

13	= 7 + 3
14	= 15 − 2
15	= 19 + 1
16	= 18 − 3
17	= 16 + 2
18	= 19 − 3
19	= 7 + 2
20	= 13 − 1
21	= 15 + 2
22	= 17 − 3
23	= 18 + 1
24	= 14 − 3

Lösungen 13 – 24 → Feldzahl

Lösungen	Feldzahl
9	12
10	21
11	8
12	15
13	23
14	24
15	22
16	20
17	7
18	11
19	16
20	19

Ein kunterbuntes Fabeltier

Ordne die Tiere richtig zu!

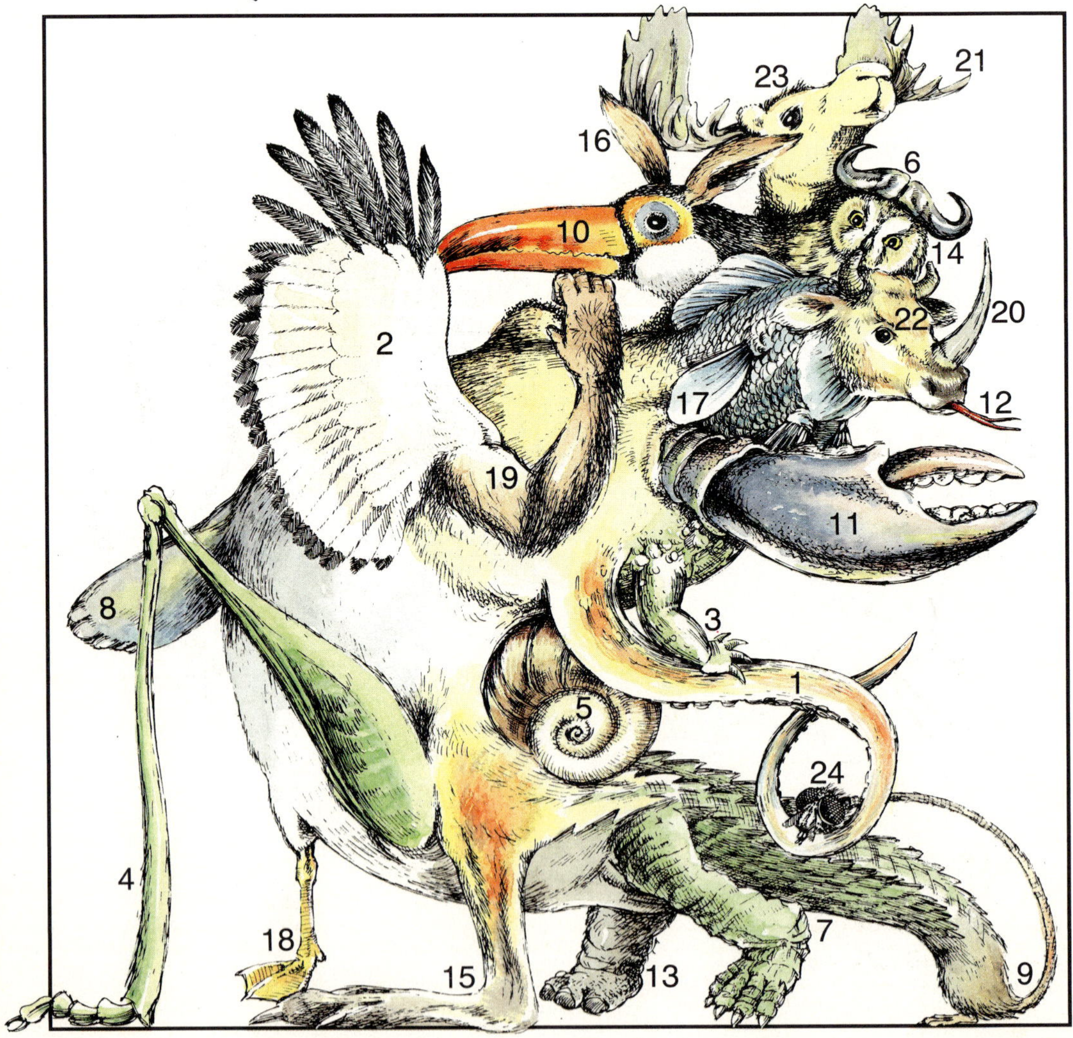